イノダアキオさんのコーヒーがおいしい理由

（語り）
イノダコーヒ三条店初代店長
猪田彰郎

イノダコーヒ三条店
COFFEE

京都には愛され続けるコーヒーショップがあります。
昭和22年開業、イノダコーヒ。

おいしいコーヒーと心地よい雰囲気。
本物が楽しめると人が集まって
京都のコーヒー文化をつくってきました。

円形カウンターがある
イノダコーヒ三条店は
昭和45年に開店しました。

イノダコーヒ三条店には名物店長がいました。
創業者である猪田七郎さんの甥っ子で
創業当初のイノダコーヒで15歳から働いてきた、
猪田彰郎（イノダアキオ）さん。

初代店長として
三条店をまかされたのは38歳のとき。
焙煎から接客まですべてやってきました。
ほぼ毎日の常連さん、家族代々通ってくださる方、遠方の方、
高倉健さん、吉永小百合さん、筑紫哲也さん、原田治さん……
円形カウンターではたくさんの出会いがありました。

イノダコーヒを代表するブレンド
「アラビアの真珠」は
お玉でお湯を注ぐ、ネルドリップ。
コーヒーを淹れる姿が見られる
三条店のカウンターは特別感があります。

El Injerto
CAMEC
CLEAN COFFEE

INODA COFFEE
FRESHLY ROASTED COFFEE
VACUUM PACKED
ArabianPearl
Premium
BEANS
ColombianEmerald

また来たい、
また味わいたい。
たくさんの人に愛されてきた
おいしさのひみつ。

コーヒーから学んだこと、
大切にしてきたこと、
85歳のアキオさんに
語ってもらいました。

目次

本書は、猪田彰郎（イノダアキオ）さんのお話をもとに、編集・構成しています。

1章

さあ、おいしいコーヒーを淹れましょう

アキオさんのコーヒーの味と、淹れ方

ちょっと手をかけてやれば
コーヒーはおいしくなります

おいしいコーヒーを淹れるんは
むずかしないんです。
大事なんは、技術よりも、気持ち。
そやからどなたでもおいしく淹れられます。

コーヒーは生きもの。
こっちの気持ちが伝わります。
人と同じ、愛情をもって接すれば
ちゃんとこたえてくれます。

道具は何がええやろとか、お湯の温度はどれほどやろとか、
いらんこと考えんで、ええんです。
思いやりをもって、
ちょっと手をかけてやる。

そしたらぐっとおいしくなります。
おいしなったらみんなが喜んでくれます。
おいしいコーヒーから
ええご縁がつながります。

家族のために、友だちのために
ご自分でもぜひ淹れてみてください。

つくりたかったのは
ここだけの、コーヒーの味

すっきりして薄いようやけど、中身の濃いコーヒー。

これが私の味。

おかげさまで、たくさんの方がこの味を好んで、来てくださいました。

「今日は疲れたなあ、コーヒー飲みたいなあ。そやけど今飲んだら、ごはんに差し障るかもなあ」というようなとき。コーヒーはコーヒーで楽しんでもろて、家に帰っても食事がちゃんとおいしく食べられる。

スッとキレがよく、コクはあるけど、おなかにもたれない。私が三条店で出したかったのは、そんなコーヒー。そんなコーヒーにするには、どうしたらええか、ものすごく濾し方を研究しました。

イノダコーヒ本店と三条店は、歩いてすぐです。なんでこんなそばに2軒あるのかと思うほど、近いでしょ。もともと三条店は、本店の駐車場にするはずの場所やったんです。ところが、創業者である先代、叔父の猪田《いのだ》七郎《しちろう》が「駐車場はやめた、店をつくるぞ！」と言い出さはったんです。開店したのは昭和45（１９７０）年、大阪万博の年でした。

ご存知の方も多いですが、叔父はイノダコーヒのカップやブレンドの缶の絵を手がけ、画家としても活躍していました。「二科会」（１９１４年に結成された美術団体）に参加し、その関連でパリを訪れ、ヨーロッパを巡ってきはったばっかりでした。きっと旅先で、イメージが涌き上がったんでしょう。「大きな円形のカウンターの中でコーヒーを淹れ、お客さんはまわりからそれを見ながらコーヒーをじっくりと楽しむ……、そんな特別感のある店をここにつくろう！」と。そして、「おまえがこの店を大きくせぇ」言うて、38歳のときに初代店長として店をまかしてもらいました。

15歳からイノダコーヒで働きはじめ、焙煎、接客、厨房……、なんでもやってきましたし、新たに開店した支店も次々にまわってきましたが、「この店をまかせる」と言われたのは初めてのことでした。やっと「自分の居場所」に出会えたような気持ちでした。ほかにはない、円形カウンターのある店。頑張って愛される店にしたいと心から思いました。

その頃、イノダコーヒ本店は軽食メニューが増え、食事とコーヒーを楽しむ方が主流でした。一方で、三条店はコーヒーが主役。円形カウンターがつくり出す雰囲気の中、コーヒーをゆっくりと味わってもらう……、先代はそんな特別感のある店をイメージしてはったんです。そやから、コーヒーの価格は三条店の方が、本店より高かったんです。その価格差を埋めるだけの、本店とは違うおいしさを打ち出さなあかん。「三条店の味」をつくらなあかん。

そらプレッシャーやったけど、やりがいがありましたねえ。

どんな味わいが喜ばれるやろか。コーヒー好きのお客さまが集ってくださるのなら、コーヒーを存分に味わってもらいたい。それやったら、おなかにもたれないように、本店よりも少し軽い飲み口にしてはどうやろう。

三条店はオフィス街から駅へとつながる、三条通沿いにあります。仕事帰りにほっと一杯、コーヒーを飲んでから帰ろうという方にも来ていただきたい。それやったら、コーヒーを飲んだ後、家へ帰らはってからもコーヒーが胸につかえず、ごはんもおいしく食べられる……、そういうスッとキレのよいコーヒーが喜ばれるのとちがうやろか。

最近のコーヒーはどっちかって言うたら、味がどしーってしてますやろ。濃いコーヒーが好まれるのかな。若い頃にね、コーヒーがそんなにおいしいんやったら濃くしたらもっとおいしくなるやろうと思って、えらい濃いいやつを飲んでみたんです。ほしたらもう、わーって目が回って、気ぃ失いそうになってねえ。それで、濃いばっかりのコーヒーではあかんのやなあってわかったんです。

「軽くてキレがよく、それでいて、イノダコーヒらしく、しっかりと深いコクがあるもの」

三条店で出したかったのは、そんなコーヒー。味の方向性は、そうやって決まりました。じゃあ、そんなコーヒーにするには、どうしたらええか。使う豆は本店と同じ。漉し方を工夫するしかない。毎日、夜に2〜3杯ずつ試作しては飲んで、帰ってからおなかがもたれず、夕食が食べられるかどうか。実際に自分で試し、試行錯誤を重ねて味をつくっていきました。

本店では、ネルドリップで15杯分淹れるのが基本でした。15杯分いっぺんに淹れると、おいしい。ごはんも一緒でしょ、1合炊くよりも3合、3合よりも大釜で炊く方がおいしい。コーヒーも同じやね。225グラムの粉で15

杯分とっていました。

ネルドリップは、創業当初からです。戦後すぐでしたから、ペーパーは出回っていませんでしたけど、ネルはありましたから。それとね、ペーパーよりもネルの方がむっくりした味になる。むっくりというのは、口全体にコーヒーの味わいがふわあっと広がる感じやねえ。

お湯をさすのは、お玉。レードルです。コーヒー15杯分に対して、お湯を何杯かけたらちょうどいい分量か、お玉やったら明確でしょ。だれがやっても誤差なく淹れられると、先代が思いつかはったんです。

お玉は、注ぎ口の細いケトルに比べて、熱いお湯がコーヒーの粉全体に一気にかかる。この「一気」もお玉のええとこです。勢いよくお湯がかかることで、お湯の温度が冷めず、落ちが早くなる。落ちが早いと味が鮮明になります。

三条店では、すっきりした味わいをつくりたかった。そこで、本店よりも短い時間で漉してみようと思いました。短い時間でも、コーヒーの味わいは存分に引き出したい。そしたら、どんなお湯のかけ方がいいのか？

自分なりに研究した結果、お玉でお湯を注ぐとき、くいっと手前に手首を回転させるようにしたんです。まっすぐお湯を落とすんやなく、ひっくり返す。そしたら、お湯が勢いよく底へあたって、また上がってくる。そこに早め早めに次のお湯をかけていくと、サイフォン方式みたいに、お湯が回りながら落ちる。

これが、私流の漉し方。ネルドリップのよさを生かしながら、サイフォン方式を取り入れたような形やね。飲み口は軽やかやけど、中身の濃いコーヒーになるんです。何度も繰り返し、だんだん狙い通りの味が出るようになりました。

コーヒーは生きもんやから、ゆっくりし過ぎるとコーヒーが縮んで重くなってしまうの。お玉で勢いよくお湯を注ぐと、粉がのびのび動き回って味に広がりが出ます。お湯が冷めるとね、落ちが遅くなるの。お玉で勢いよくやると、冷めんと熱いままかかる。そやからお湯の落ちが早い。早いからスッキリとした味になる。お玉はちょうどよかったんです。

お湯は、沸騰しているお湯やないとあきません。そやけど、煮えくり返ってくたびれたお湯もあきません。これも落ちが遅くなる。遅くなるとコーヒーがにごる。ぐらっぐらっと2〜3回、軽く沸いたくらいのお湯を、勢いよくかけるのがええんです。

「このコーヒーなら胸に残らない。その後のごはんもおいしい！」

そう確信して、ようやくお出ししたかった、三条店のコーヒーになりました。この方法でお湯をかけて漉していくと、15杯分が3分ほどでとれる。店を回転させていくうえでも、早さは重要でした。このお湯のかけ方は、だれかに伝授したわけやないんです。時代によって好まれる味も違いますから、お客さんを見て、自分で工夫することが大事やと思います。

スッと飲めるから2杯飲まはる常連さんもようさんいてはりましたねえ。東京からのお客さんが、寺町三条の『三嶋亭』ですきやき食べて、そのあと三条店でコーヒー飲んで帰る……、そんなパターンも多かった。飲みやすい味やから、満腹でも飲める。すきやきもおいしい、コーヒーもおいしい。ええでしょ。

カウンターで淹れているところを見るのが好きやって、お客さんがよう言うてくれはりました。三条店では、今もお客さんの前でお玉を使ってネルドリップで淹れています。ぜひ、お店にいらしてください。

だれでもできる おいしいコーヒーの淹れ方

イノダコーヒを退職したのは、平成9（1997）年、65歳のとき。それから全国各地のいろんなところ、いろんな方にコーヒーの淹れ方をお教えしてきました。

いつもお話ししてきたのは、コーヒーを淹れるのにむずかしいことは何もないということ。そやけどね、適当にやったらあきません。コーヒー豆は生きものやから、こっちの心がちゃんと伝わります。

「私がおいしいコーヒーを淹れる」という気持ち、それが第一歩。

淹れ方教室でみなさんに、「ちょっとやってみてください」って言うんですけど、「私、そんなん無理や〜」って、たいてい言わはる。そやから「それがあかんのです」って言うんです。

「一生懸命やったら、おいしいコーヒーが淹れられる」

そういう気持ちを持ってもろたら必ずできるんです。

「そんなんあかん〜」って言いながらしはるんですけど、実際に、それぞれご自分で淹れて飲んでもろたらね、「いや、私にもできるわ！」って。

「そう！　それなんですよ」って言うんです。

ちょっと手をかけてやる。

ちょっと気持ちを込める。

だれにでもできる、ちょっとしたことやけど、その小さな積み重ねがおいしさになります。

おいしいコーヒーがあると、気持ちがぐっと近づきます。私はいつも人とお話しするときには、自分の淹れたコーヒーを真ん中に置いて話します。この距離感は自然と、話が続くんです。

そうして、ご縁がつながって、そこからまた、広がっていきます。
どうかぜひ、ご家庭でおいしいコーヒーを淹れてみてください。

準備するもの

どんな道具がいいか。
みんなすぐそんなこと聞かはりますけどね、
いらんこと考えんでいいの。
ドリッパーの穴が大きいとか、穴が何個とか、
陶器か、プラスチックか……、そんなん関係ないの。
余計なこと考えると、それが雑味になって落ちますから。
何も考えんと、
沸いているお湯をまんべんなくかける。それだけ。

これまでいろんなところで淹れてきましたけど、
たいていそこにあるもんで淹れました。
三条店ではお玉で淹れていたけど、
家ではふつうのやかんでも淹れるし、
ミルクパンをお玉代わりにすることもあります。
手もとにあるもの、それで十分。
ケトルでの淹れ方をご紹介しますから
ぜひやってみてください。

HOT

1.

淹れる場所を さっときれいに 気持ちも整います

コーヒーを淹れようと思ったら
ものを片付けて、テーブルを拭いて、
まわりをさっときれいにしてみてください。
ちょっと花を飾ってみるのもいいですね。
そしたら、気持ちも自然と整います。

部屋が散らかっていると、
気が散ってしまいます。
きれいな心で淹れたコーヒーはおいしい。
まず、場を整えることからスタートです。

HOT

2.

コーヒー豆に ちょっと手をかける それだけで味が違います

コーヒー豆や粉は封が開いていたら、
上の方からどんどん
香りが飛んでいってしまいます。
そやから使う前に、
上下混ざるように振ってやる。

赤ちゃんをよしよしとあやすでしょ。
同じような気持ちで、
ちょっと手をかけてやる。
ぱぱっと流れ作業でやってしまわずに。
そうすると、気持ちを汲んで
コーヒーはおいしくなってくれます。

HOT

3.

ドリッパーを濡らすと
ペーパーがぴたっとつきます

ドリッパーは軽く濡らしてください。
濡らしておくと
ペーパーフィルターがきちっと当たります。
なんでもないことですけど
やっておくことでコーヒーの味が変わります。
ペーパーは、白いの、茶色いの、どっちでもええの。
ちゃんと濡らしておく方が大事。
どんな道具かよりも、ひと手間が大事。

HOT

4.

ごはん炊くのと同じ たっぷり多めがおいしい

コーヒーの粉は粗めの中挽きがおすすめ。
細かいとお湯の落ちが遅くなります。
一人前はだいたい13g。
11gやったら香りは出ても味が出ません。
もったいない言うて、すりきりにしたらあきません。
ダイナミックにガッと入れへんと。

コーヒーは1、2杯分では、
おいしく淹れられませんから、最低3杯分から。
ごはんも3合あるとおいしく炊ける、同じです。

ドリッパーに粉を移したら、
必ずトントンと叩いて平らにならします。
ちょっとしたことやけど大事。
表面にでこぼこ隙間をつくらないようにね。

HOT

5.

ぐらぐら煮やさんと、軽く沸かしたお湯で淹れる

お湯の温度は関係なし。
お茶のように気にせんでも大丈夫。
ただし、ぐらぐら煮え返ったお湯は
くたびれて力がないから、コーヒーの味が出ません。
3回くらいぐらぐらっと
沸き上がったところで火をゆるめて、
軽く沸かした、新鮮なお湯を注いでください。

お湯が沸いても
ケトルの注ぎ口までは温まっていませんから
最初のお湯はちょっと捨てる。
ちょっと捨てて、そこをあっためます。
しっかり熱いお湯でないと、
落ちが遅くなってコーヒーがにごりますから。
なんでもないことやけど、ちょっとやってみてください。

HOT

6.

お湯は真ん中からまんべんなく コーヒーをよく見ること

お湯は真ん中から全体にかけます。
ここで十分にコーヒーをふくらますわけ。
お湯がかかっていないとこがあると
次にかけたとき遅れてそこへお湯がいって
漉したコーヒーがにごるんです。

最初は軽く上を湿らす程度に。
それで、コーヒーの粉全体が
ふっくらしたなあって思ったら、
続いてすぐお湯を注いだらいいですよ。
どれくらい蒸らすか、
決まった秒数があるわけやないんです。
それよりしっかりコーヒーを見ること、
そうしたらちゃんとわかります。

お湯を端にかけると、ペーパーを伝って
そのままお湯が落ちてしまう。
真ん中から、蚊取り線香みたいに
まんべんなくまんべんなく。
遅れるよりは、早め早めがポイントです。

ここで神経質になると、コーヒーに伝わります。
しんきくさいなあと思ったらそれも伝わります。
よけいなこと考えんと、
「一生懸命やっていますから、
どうぞおいしいコーヒーになってください」って
心の中で声をかけてあげてください。
コーヒーはちゃんとこたえてくれます。

HOT

7.

ぼやけた味にならんように最後はぴしっと締める

3杯分淹れるんやったら
注ぐお湯の量は1杯多めの4杯分くらい。
できあがったらちょうど3杯分くらいになります。

分量のコーヒーができたら、
ドリッパーははずしてください。
泡が残っていても、もう味も香りも出ません。
もし粉の方にええ香りがするようでしたら、
コーヒーに香りが出ていない証拠です。

とことんまで抽出しようとしはる人、多いでしょ。
ほしたら、せっかくの味が、みなボケてしまいます。
ある程度出たら、もうぴしゃっとやめる。
もし味が濃かったら、
お湯で薄めて自分の味にしたらいい。

最後は心の中で締めくくるように淹れます。
つい流れにのって
お湯をぱーっとかけて終わってしまいますけど、
最後を大切にすると、
コーヒーもぐっと引き締まります。
まあ、気分的なもんですけどね。

気持ちを込めて淹れると、
その気持ちをコーヒーが覚えていてくれるわけ。
それが私の基本です。
何十年もやっていますけど、いつも、
今初めて淹れたような気持ちでそうします。

HOT

8.

にごりなく漉せたら、時間が経ってもおいしい

ポットにコーヒーが入ったら
必ずくるっとスプーンなどでかき混ぜてやります。
上と下で味が違うから、
どうしても底の方が濃くなるのでね。

それからもう一回、鍋に移し替えて軽く温めます。
ぽこっとひとつふたつ泡が上がってきたらすぐ止める、
ほわっと薄い湯気が上がった瞬間ね。
わっと沸かしてしもたら、
一気に味がだめになります。
お出ししてすぐ冷めんようにという、
先代の心遣いから。

朝、5杯分を淹れたとして、
淹れたてを2杯飲んで
残りの3杯、夜に飲みはるんやったら
冷蔵庫に入れておきます。
そして、次に飲むとき、
また全体をかき混ぜて、温めます。
ちゃんとにごりなく漉せていれば、
時間が経ってもおいしく飲めますよ。

HOT

9.

カップを温めておく心遣いがおいしさになる

コーヒーをカップに注ぐ前に、
カップもちょっと温めておいてくださいね。
店ではお湯をずっと沸かしておいて
いつでもカップが温められるようにしていました。

口にもっていったとき、
カップとコーヒーで温度差がないように。
そしたらすっとコーヒーが口に入って、
おいしさがそのまま伝わります。

「まんべんなくお湯をかける。
それだけでいいんです。
あれこれいらんこと考えたら
手がお留守になります。
しっかりコーヒーを見て無心でやれば
コーヒーからタイミングを教えてくれます。
遅れるよりも早め、早め。
最初と最後が、大事です」

コールコーヒーのつくり方

イノダコーヒでは、
アイスコーヒーをはじめた頃、
〝コールコーヒー〟と呼んでいました。
氷を入れて冷やすわけやないから、
アイスやなくて、コールコーヒー。
味が薄くならないようにという心遣いからです。

ホットコーヒーは香りが大事。
コールコーヒーはコクが大事。
いかにコクを出すかがポイントです。

コールコーヒーはね、ストローで飲むより、
グラスで飲んだ方がおいしいと思います。
飲んだら口の中全体で、
コクを味わえますからね。
ぜひやってみてください。

COLD

1.

コーヒーを淹れたら甘さを加える

イノダコーヒでは、コールコーヒーとホットコーヒーでは使う豆が違います。コールコーヒー用はコクが出るように深く煎り、ブレンドも工夫しています。淹れ方は、ホットコーヒーと同じです。

コーヒーが濾せましたら、熱いうちにお砂糖（グラニュー糖）を入れて溶かします。

冷たいもんは、甘めにした方がおいしい。コールコーヒーはお砂糖を入れへんかったらちょっと飲みにくい気がするので、私は少し入れます。お好みでどうぞ。甘さを加えるなら、飲む直前より、先に加える方がなじみます。

COLD

2.

じっくりと一晩冷やしてむっくりした味にする

コーヒーを淹れたら、ポットごと水道水で冷やします。水が入れ替わるよう、水道水は出しっぱなしで。粗熱がとれて、コーヒーと水が同じくらいの温度になったら、氷水で冷やします。このひと手間で味が締まります。それから冷蔵庫に入れてください。

できたてはどうしてもサラッとしている。そやから、すぐに冷蔵庫に入れるんやなく、まず水で冷やす。その後、冷蔵庫に入れてさらに一晩置くと、コクが出ます。時間をかけて冷やすと、むっくりした味になる。

冷たいコーヒーもコップに注ぐ前にくるりと上下をかき混ぜること、忘れないでくださいね。

イノダコーヒで愛され続けるもの

01

お客さまの声を聞いて、時代に合わせて、
少しずつ改善しながら、イノダコーヒでずっと愛され続けるもの。
お店を訪れてぜひ、お楽しみください

砂糖とミルク入りの、アラビアの真珠

「冷めてもおいしく飲めるコーヒーを」と、先代が考えはりました。お客さんがしゃべってはるうちにコーヒーが冷めてしまうと砂糖が溶けない、ミルクもうまく混ざらない。そしたら、味が変わってしまう。それで、最初から、このコーヒにはこの砂糖とミルクの量という、最高の調合をしておいたというわけ。ブラックが好きな東京の方が、「自分はブラックが好みなのに」と怒らはったこともありますけど、連れてきはった京都のお客さんが、「まあそう言わんと、飲んでから文句言うてみ」って言うてくれはってね、飲んで納得してくれはりました。

＊＊＊

時代の流れに合わせて現在は、アラビアの真珠を注文すると、「ミルクと砂糖はお入れしましょうか?」と、好みを尋ねてくれます。

2章

おいしいコーヒーをつくる9つのこと

コーヒーから学んだこと、大切にしていること

イノダコーヒ三条店のカウンターがみんな教えてくれました

イノダコーヒで働きはじめたのは、昭和23（1948）年、15歳のとき。叔父である、先代の猪田七郎が創業しました。戦後すぐの、もののない時代。叔父は、営んでいたコーヒー豆卸会社に運よく残っていた生豆を使い、現在、本店がある場所で、コーヒーショップをはじめました。

昭和45（1970）年、イノダコーヒ三条店が開店。初めて店長として、店のすべてをまかせてもらいました。三条店といえば、円形カウンター。これはね、先代がヨーロッパ旅行で、ひらめきはったんです。当時、ほかになかったですねえ。

360度どこからでも見られるから、気が抜かれへん。
えらいこっちゃと思いましたが
コーヒーを淹れるのがほんまに楽しくなったのは、三条店から。
それまでは、仕事と思って淹れているところがありました。

どうしたら三条店に来てくれはるやろ。
どうしたらお客さんが喜んでくれはるやろ。
ひたすら一生懸命、コーヒー一筋でやってきました。

よき場所、よき雰囲気に、人は集う。三条店がそんな場所になるように。
人生はね、ええ人と出会うことが大切。
一生懸命やってきたおかげで、たくさんご縁をいただきました。

カウンターで学んだこと、
やってきてよかったなと思うこと、お話しします。

1.

どんなときも笑顔でいること

——笑顔でいたら
だれとでも仲良うなれる
仲良かったら
どんなときもうまくいきます

私ね、いつも笑ろてるねえ、って言われます。ふふ、そうですねん、いつもこの顔。まあ、笑わんとけって言われても、こんな顔ですけどねえ。年をとってもずっとね、お人さんとお会いするときは、この笑顔でいたいなあと思っています。

三条店のカウンターの中に入って、お客さまとお顔を合わすようになったとき、私は一人でも敵をこしらえたらあかん、と思いました。店の中でトラブルが起こったとして、それがほんの些細なことやったとしても、仲が悪いと大ごとになってしまうかもしれん。そういうことってあるでしょう。そやけど、お互いの仲が良ければどんなことがあっても、なんでもない。

そしたら、どうしたらええか。どんなときでも、どんな人に会うても、「笑顔」で応対できる自分をつくろうと思ったんです。

実はね、オープン当初の私、ものすごく険しい顔をしていたそうなんです。「あの人、いつも怖い顔をして真剣にコーヒー淹れてはるけど、笑うことあるんか？」ってお客さまが店員に聞きはったことがあったんですよ。その頃は内心、大きな壁が目の前にどーんと立ちはだかっているようなプレッシャーを感じていましたからねえ。気持ちが顔に出てしもてたんでしょうか。

それを聞いて、これではあかんと思いました。自分がしんきくさい顔をしていたら、まわりの人がしんどくなりますやろ。お客さんと顔を合わせるときの自分を意識するようになりました。

朝会うてもニコニコ。昼会うてもいつもニコニコ。いつ私に会うてもろても、ニコニコです。そやけど、心が曇っていたら、自然な笑顔は出ません。気分に波があってもあかん、無理して笑うのもあかん。やっぱり、自然体やないと、笑顔にはなれへんもんです。

世の中にはいろんな方がいらっしゃいます。正直、腹が立つこともあります。苦手やなと思う人もあります。そやけど、こっちが好かんと思っていたら、向こうさんも好かんなーと思わはる。そやから、自分から好きになっていこうと思ったんです。好きな人には、自然と笑顔になりますから。

「人には、どこかひとつ必ずいいところがある。そこを見つけるんや」

先代がよう言うてはりました。その人のいいところを探す。どんな小さなとこでも、そのいいところを信じて、こちらから「好きや」という気持ちで、ご挨拶し続けるんです。なんぼ一方通行でも、ムッツリしてはっても、毎回、こちらから笑顔でお会いします。そしたらいつのまにか、向こうさんの方から「よっ！」って、言うてくれはるようになりました。そうなったらね、もう、うれしいもんです。うれしいから、その倍を返すくらいで、ご挨拶します。

人に好かれるようにと努力することは、自分を成長させます。

先代には「年をとって道を歩いていたときに、向こうさんから声をかけられるような人間になれ」と言われました。今、ありがたいことに、知ったお顔に道でお会いすると、みなさん「アキオさーん！」と声をかけてくださいます。ずっとそうしてきてよかったなあて思てます。

「自分から
人さんのことを好きになっていくんです。
こっちが好かんと思っていたら、向こうもそう思う。
好かんなーと思う人、
文句を言う人ほど、ええお客さん。
そんな人が、どう改善していったらいいか、
教えてくれはる」

2.

おいしいコーヒーは雰囲気がこしらえる

――コーヒーは技術だけやない
いい雰囲気に人は集まります

三条店のお客さんは、円形カウンターの「雰囲気」でコーヒーを飲んではる。カウンターの中のみんながキビキビ動いているのを見るのが楽しいようでした。

「あんたの仕事を見ながら、コーヒー飲むのが楽しいねん」

「円形カウンターの中で、リズムをとるようにコーヒーを淹れてくれる。それを眺めるのが好きでした」

常連さんから、そんな声をたくさんいただきました。

リズムをとっているつもりはなかったんですけどね。イノダのコーヒーはミルクと砂糖入りでしょ。カップに砂糖を入れたら、左手にコーヒーポット、右手にミルクジャーを持って、両手で交互に入れていくんです。タイミングをはかりながら、全身でコーヒーを淹れていたら、そう見えたんでしょうね。

コーヒーの味は技術だけやない。雰囲気がよかったら、コーヒーはおいしくなるの。お客さまの心も、淹れる人の心も、心地よい空間も、全部が合わさって、おいしいコーヒーになるんです。おいしく淹れることはもちろんですが、店では雰囲気づくりがとても大事です。

私が店長を務めていた頃は、客席はカウンターのみ、22席。ここに座るだけでも特別な雰囲気を味わってもらえたんじゃないでしょうか。

ほんと言うたらね、最初はどないしようと思ったんです。円形カウンターはお客さんに360度どこからでも四六時中見られる。当時、こんな形はほかになかったし、これはむずかしそうや……てね。そやけどね、だからこそ、できることがあるんちゃうか、挑戦してみようと。後ろ向きはイヤやから、前向きに気持ちを変えたんです。

カウンターの中では、私が輪の中の「軸」になる。そして、すべてのお客さんに360度目を配る。円のまわりに集ってくださる方々の、「人の輪」

を大事にするように、心がけました。人と人が親しみをもってつながれる、円形カウンターはそもそもそういう形なんやね。

一日中、カウンターから出られへんときもよくありましたな。正月なんて、一歩も出られへん。お餅3つ食べて、夜までずっと中にいてコーヒーを淹れ続けていました。休みもほとんどなし、1ヶ月に2、3日くらいやったかな。なんでか言うたらね、例えば、東京から福岡へ出張されるとき、コーヒーを飲むためにわざわざ京都で途中下車して来てくださる方があるんです。そんなお客さんが来られたとき、自分が休んでいたら、あまりに申し訳ない。「このあいだ来たけど、あんた、おらんかったなー」。そういう声を聞くと、よう休みもとれんかった。朝6時半に家を出て、帰るのは夜10時前。ほとんど家におらんかったから、家族にはほんまに申し訳なかったけど。

おいしいコーヒー淹れたら、こないに喜んでもらえるのか。こないに楽しみにしてもらえるのか。待ってくれる人がいるんや……。そう思ったら、こっちもなんぼでも頑張れた。

初めは手強いと思った、円形カウンターやけど、おかげで、また来たいと思ってもらえる、三条店の雰囲気ができました。

「閉店間際に駆け込んでこられる
お客さんもあります。
そんなときこそ
朝一番のお客さんをお迎えするように
気持ちを新たにします。
そしたら、お客さんにも喜んでいただけて
また来てくださる。
家族や友だちと来てくださる。
次のご縁につながっていくんです」

3.

よく聞くこと、よく見ること

――何気ないひと言を「味」に変えて、
その人のための一杯を淹れる

お客さんが入ってきはったら、まず、その方を、見る。聞く。そうして、何でもないひと言を「味」に変えます。

「昨日飲み過ぎたなぁ」って聞こえたら、「よっしゃ、胃が疲れているやろうから、少し薄くして飲んでもらおう」というようにね。カウンターやからこそ、それができるんです。

三条店の円形カウンターは、お客さまとのいい距離感を保てる、ほんまにええ形やなあと思います。直接お話しすることもあるけれど、そうでなくても、自分の仕事をしながら、いつもお客さんの気配を感じることができます。そうして感じ取ったことを、おいしさに生かしていきました。

ずっとやっているうちに、お客さんの好みもわかってきます。円形カウンターはよくお顔が見えるでしょ。入ってきはって、例えば、ブラックを頼まはる。そしたら「ああ、こういう顔立ちの方はブラックがお好みなんかな」と思たりしながら見てきましたねえ。ブラックでもいろんなブラックがあります。薄い目のブラック、濃い目のブラック。どっちがお好みやろ。砂糖少なめがお好きな方はどれくらいの濃さがええやろ。お顔を見ながら、ずっと勉強してきたんです。ほんなら、だんだんと読めるようになってきてね。ちょっとずつ味を調整しました。

常連さんは、あの人はブラックやなあ、あの人はミルク多めやなあって、顔を覚えておいて、お好みをお出しする。ブラックがお好きな方には、心もち多めにお注ぎしましたねえ。砂糖とミルクがない分、「たっぷり飲んでください」っていう、ほんのちょっとした気持ち。

ほんのちょっとやけど、そうして、お一人お一人に込めていた気持ちも、コーヒーの味として伝わっていったんやと思います。小さな心遣いで関係は深まります。三条店がたくさんの人に好いてもらえたんは、それぞれの人に合うたコーヒーをお出ししていたからかもしれませんなあ。

「一生懸命、
一人一人のお客さまを大切にしていると、
その方々が
お店をうまくいくようにしてくれはるんです」

4.

いつも清潔であること

――毎日、隅々まで
掃除していると
心もきれいに保たれます

自分の店の前だけやなく、まわりもきれいにする。
「門掃き水まき両隣」は、京都の慣わしです。

イノダコーヒで働きはじめた、初日でした。朝6時に叩き起こされて、「向こう三軒両隣まで掃いて、水まきせい！」と先代に言われました。それから毎朝。まだ15歳やった私はイヤイヤやっていましたねえ。

そやけど、三条店をまかされたとき、まず思ったんです。
「さあ、店の前の掃除や」て。

だれよりも早く店へ入って、カーテンを開けて朝の光を取り込み、向こう三軒両隣きれいに掃いて、水を打つ。ちょうど朝8時頃。出勤するサラリーマン、学生さん……、三条通を通っていかはる方々と挨拶しながら掃除していると、清々しい気持ちです。「あそこはいつもきれいにしてはるな、今度行ってみよか」、道行く人がそんな気持ちになってもらえていたらうれしいですねえ。朝一番、きれいに掃除しているうち、自分の心も整います。

先代はご近所を大切にする人でした。道を歩いていてゴミを見つけたときでも、サッと拾ってはりました。そうするとね、ご近所の方々もみなさん、ようしてくれはるんです。何かのときに力になってくれはる。

「コーヒーは清潔感が大事」

子どもの頃から叩き込まれた、先代の信念です。続けてきて、その意味がようわかります。

コーヒーを淹れるには、まわりも、自分の心も、きれいでないとあかん。心がにごったら、コーヒーもにごる。心がにごったら、おいしいコーヒーが出せません。こわいもんですよ。コーヒーは正直です。

カウンターでちょっと手があいたら、拭いて、磨いて。心と身体にしみついて、さっと動く。そやからいつでも清潔。最初に教えてもろといて、ほんまによかったなあと思います。

「毎日の掃除は、隅々まで、丁寧に。
コーヒー豆を扱うときも心を込めて。
何事にも手をかける。
そういう小さな積み重ねが、おいしさになります。
すぐに頂点にいくのではなく、
丁寧な毎日の積み重ね。
その結果、ええようになっていくんやと思います」

5.

丁寧に手をかける

——コーヒー豆は生きもの、
気持ちにこたえてくれます

私の手、触ってみてください。手の皮、厚いでしょ。長いことコーヒーを焙煎していましたからね。85歳になった今も、胸板にもけっこう厚みがあるの。力を使いますから、筋肉がついたんでしょうね。

イノダコーヒを代表するブレンド「アラビアの真珠」もずっと私が煎っていました。全店のコーヒーを煎っていた頃は、一日３００キロの豆を焙煎していました。お歳暮の時期なんかは１トン煎ったこともあったんちゃうかな。焙煎室の中は40度以上になって、もう暑い、暑い！

三条店は、午前10時からですから、従業員より早く出社して、表を掃いて、水を打って、店の中もそこら中、きれいに掃除をします。それからコーヒーを漉して、みんなが出社したら、店をまかせて焙煎機に向かいます。

そうして、４種類ほどの豆を煎っていましたが、これは精神力がいります。何回煎っても、同じ味になるように仕上げなあかんから。気力体力充実してないと、煎れない。そわそわしたり、イライラしたり、自分の心に波があっても、煎れません。コーヒーを前にしたら、自分をしっかり保つことが大事です。

気力が充実してくると、焙煎室の暑さは感じなくなる。そしたら、豆がはぜる音が聞こえてきます。小さい豆はピチピチ〜、大きい豆はパチパチ〜。音が聞こえ出したら、あとどんだけ煎ったらいいのかがわかります。モカは煎り過ぎたらあかん。ジャワは煎り方が浅いと物足りなくなる。私は、豆とおしゃべりします。「もうええか？」「はい。上手に煎ってくれはりましたなあ」ってね。

ちょっと変わった種類の豆が来て、どうやって煎ろうかなあ、と迷ったときも豆に聞きます。すると、豆の方が教えてくれるんですよ。気がついたらちゃんと仕上がっている。

できあがったら次はどう淹れようかなあって思うでしょう、そしたらやっぱりコーヒーの方から教えてくれる。「こうしたらおいしいですよ～」ってね。どう焙煎して、どうブレンドしたら、どんな味になるか、いつのまにかスッとイメージできるようになりました。

コーヒーは生きもの。

働きはじめた頃は、「コーヒーなんてただの豆や」って思っていました。まだ子どもでしたからね。それが、忘れもしません。ある時、コーヒー豆をうっかり踏んづけて、先代にバーン！と叩かれて、きつう怒られたんです。「豆は生きものや、おまえは赤ちゃんの顔を踏むんか！」って。

その言葉にえらい衝撃を受けました。

そうか、豆は大切な生きものなんや。コーヒー豆に対する思いが変わりました。それからは豆が一粒でも落ちていたら拾います。私と豆との新しい関係のはじまりでした。

コーヒーは生きものやから、こちらの気持ちが伝わります。毎日付き合っているとようわかります。こっちがええ加減やと、ちゃんとそれがすぐ味に出る。こっちが一生懸命やると、ちゃんとコーヒーはこたえてくれます。

ほんま、人と一緒やね。

「毎日が苦労の連続でした。
コンクリートの壁がいつも
目の前にあるように感じていましたね。
一生懸命、一生懸命、乗り越えて、
この年になって、やっと今、
目の前に何の壁もないですねえ。
厚い壁をずっとずっと越えてきて、
それが自信になりました」

6.

ご縁を大切にする

——初めての方も常連さんも、
すべての縁が大事やから
どなたにも平常心で

世の中って、人の縁でできているんとちゃいますか。

世間って狭いなあっていうことよくありますけど、ただ気づいてへんだけで、いろんな人の縁と縁とが結ばれていて、つながりあって生きているんやなあって。長いこと生きてきて、ほんまにそう思います。

三条店のカウンターには、ほんまにいろんな人が来てくれはって、いろんな人とお付き合いさせてもらいました。どのご縁もみんな大事です。

初めて来てくださった方も常連さんも、どなたであっても区別なく、自然体を保って接してきました。いつでも自然体でいられるように自分を整えます。平常心でないと、コーヒーの味も変わってしまいますからね。

一杯のコーヒーからご縁が結ばれて、また来てくれはったり、どこかでお会いしたり……、おかげで自分の人生ができていったと感謝しています。三条店を選んで来てくださったのも、いろんな偶然の巡り合わせ。せっかくできたご縁やから、一回きりで終わらしてしまいたない。「ではまた、ぜひお会いしましょう」となったら、もう一回必ずご連絡して、ご縁を大事にしていきます。そやけど、深入りはしません。深入りしたらあきません。無理強いもあきません。ご縁というのは、自然に巡ってくるのが一番やなあと思いますから。偶然ぱっとどこかで会えるのを楽しみにするんです。

そやけどね、ふしぎなもので、ご縁があれば、会えるんですよ。そうして、適度な距離をもってお付き合いすると、案外長いこと続くもんです。

一杯のコーヒーが、ご縁をとりもってくれる。人の心を通じさせてくれる。おいしいコーヒーは、すごい力をもっているなあと、実感です。

「人生はええ人と出会うことが大切。
いい縁を広げていく。
いい縁はいい縁を呼ぶ。
自分にとってプラスになります」

7.

目標になる人をつくる

――仕事はなんでも一生懸命
ひたむきに続ける

コーヒー人生70年。振り返ったら苦労の連続でしたけど、素晴らしいこともたくさんありました。その中でもとりわけ印象深いのは、高倉健さんとの出会いです。太秦《うずまさ》にある、東映の撮影所で撮影があるときは、毎日のように朝晩、三条店に来てくれてはりました。

朝、一人でいらっしゃって、カウンターの窓際の指定席に座り、スポーツ新聞を読まれる。健さんはミルク多めで、砂糖なし。私しか出せへん味で、お迎えします。

コーヒーの豆は前日に煎って、一日寝かせるのですが、何百キロと大汗をかきながら一生懸命焙煎していると、ふと、「健さん、明日おいでになったら、コーヒーの味をどう思わはるやろな」と思い浮かびます。するともう、なんや心がワクワク。私がワクワクして煎りはじめると、豆も喜んできよるんです。その豆で淹れたコーヒーをお出ししますとね、健さん、こうですよ！

カップをもったと思ったら一気にぐーっときれいに飲み干して、

「ああ、イノダさん、おいしいですねぇ。もう一杯ください！」

このひと言。このひと言が私にずっと勇気をくれました。

お話ししないときでもね、あの目でね、映画の中みたいなあの静かな強いまなざしで私を見はるでしょ、私も見つめ返しますでしょ。

「今日もおいしいの、お願いしますよ！」

「はいっ！　まかせてください！」

心の中で会話させてもらっていました。

健さん、夜はマネージャーさんから電話があって、閉店後においでになりました。そのときは窓際とは反対側が、指定席。一対一でおしゃべりさせてもらった時間は、いい思い出です。あるとき健さんがこうおっしゃいました。

「ぼくはもう長いことここに来ていますけど、全然味が変わりませんね。どうやって、この味を維持されているんですか？」

そこで私はこうお答えしました。

「ただただ一生懸命やっているから、味が保てるんやと思います」

そしたら、どうおっしゃったと思います？

「そうですね！　やっぱり仕事は一生懸命やらないといけませんね」と。

まさに同じ思いです。でもね、健さんのその言葉は重みがすごかった。もう、ぐーっと心の中にしみこんできて、「一生懸命っていう言葉には、なんぼでも上があるんやなあ」としみじみ思いました。

その言葉を聞いて以来、私の心意気が変わりました。もう、怠けようと思っても、怠けられません。健さんのその声が聞こえてきますからね。

人生やっぱり、目標となる人がいると、違います。

「お金をもらうよりも、いい人と出会えることが何より大切。いい人が自分を伸ばしてくれます」。高倉健さんがおっしゃった言葉です。健さんが「おいしいですねえ！」と言ってくださるたびに、「明日来ていただくときは、今日より少しでもおいしくなるように、その次の日はさらに少しでもおいしくなるように……」。そうして、向上心を積み重ねてきました。その心意気は、コーヒーだけでなく私の生き方全体につながっていったと思います。そやから私にとって、健さんは師匠です。健さんが私をここまで引っ張ってきてくれはりました。

健さんは俳優一筋、私はコーヒー一筋。

「その道一筋を、ただ一生懸命」

仕事は違えども、その共通項でつながってきたと思います。

「目標になる人がいると違います。
その人を追って
自分もどんどん成長していきます」

8.

一生懸命にやりとげる

——見てくれている人が必ずいます

高倉健さんが東映で、みなさんに三条店のことを言ってくれてはったみたいでね、津川雅彦さんがおいでになって、「この店ですか、健さんが話していたのは！」と声をかけてくださいました。ほかにも、小林稔侍さん、中尾彬さん、中井貴一さん……と、俳優の方が次々と来られて、ああ、コーヒーのご縁ってすごいもんやなあと思いました。

そして、吉永小百合さん。私にとっては月の世界の人です。まさか直接、お目にかかれるとは、考えたこともありませんでした。健さんがご縁を引っ張ってくれはって、時々お見えになるようになったんです。吉永さん、最初はコーヒーを飲めはらへんかったんです。そやけど私のコーヒーね、飲んでくださいました。

吉永さん、『ふしぎな岬の物語』（２０１４年）っていう映画に出演していらして。その映画の、コーヒーを淹れるシーンで、吉永さんが「おいしくなあれ、おいしくなあれ」って手をかざしてはりました。私もそんな気持ちで淹れていたの、わかってくれてはったんちゃうかなあって。映画を観ながらうれしい気持ちになりました。

三条店には、東映のスタッフさんもよく来られていましたが、ある時、電話がかかってきて、「今晩9時から撮影で、吉永小百合さんもコーヒー飲みたいって言ってはるんだけど」って。「はい、わかりました!」、言うてね。太秦の撮影所は家の近くで、ちょうど帰り道。店を閉めてから、みなさんの分のコーヒーを濾して、魔法瓶に入れて届けに行きました。

映画『華の乱』(1988年)の撮影中でしたね。夜、コーヒーを持って行きますと、あの大女優の吉永小百合さんが、腰のあたりまで頭を下げて、「イノダさん、お忙しいのにありがとうございます」って、言わはったんです。もうびっくりしました。ものすごく丁寧なお辞儀でした。

そのとき、「ああ、お礼というものは、ここまで心を込めるもんなんや。これがほんまのお礼というものなんや」と感嘆しましてね、そのあくる日から、私もお客さまに「ありがとうございます」と言うとき、いっそう気持ちを込めるようにいたしました。

コーヒーを届けて、撮影現場を見せてもろたんですが、夏の京都の暑い、暑いときに、みなさん一生懸命に演技してはりました。ああ、撮影というのは、実は大変なんやなあと見ていたら、深作欣二監督が、これまた厳しいんですわ。きつい声で、「吉永さん、もう一回やってください！」と。吉永さん、「はいっ！」って素直に即座に答えていて、わあ、これはほんまに大変やと思いました。

でもね、その後、映画が賞を取ったときテレビを見たら、吉永さんが華やかな姿で映ってはったんです。とてもきれいでした。私はそれを見て、「陰であんなに努力してはったからこそ、こうして輝くときが来たんやなあ」と思いました。

そやから今でもね、苦労するなと思うことでも、一生懸命やってみます。
そしたらいずれは輝くときが来るかもしれませんなあ。

「人間関係は、仕事もふだんも一緒です。
僕はどなたにお会いしても
下から、下から接するようにします。
そしていつも笑顔で声をかけます。

〝おはようさん〟
〝今日もよろしゅうお願いします〟
いつもいい関係を保っていたら
何か起こったときでも大事に至りません」

9.

迷ったときは、原点に戻る

——慣れでやってしまわんと
いつでも初心を大事に

長年やっていると、自然と〝これくらい〟という感覚がわかってきます。そやけど毎回、気は抜かれへんかったね。カウンターでお客さんの顔を見て、満足してはったら「あ、これでいいんやな」って。いつも初めての気持ちです。

慣れにまかせるようなことがないように。まわりをきれいに掃除して、自分自身の身なりも気持ちもしっかり整えて、これでＯＫと思えてから、コーヒーに接します。

三条店をまかされたとき、どうやってお客さんに来てもろたらええのか、大きな壁が目の前にあるような気持ちでした。

迷ったとき、悩んだときは、原点に戻る。

前を向いて、ちょっとずつでも階段を昇っていけるよう、小さなことでもいいからできることを積み重ねていこうと、心に決めました。

隅々まできれいに掃除する。いつでも笑顔で接する。丁寧にコーヒーを淹れる。お一人お一人に心を配る……。慣れへんことを無理してやろうとしてもあきません。いっぺんにやろうとしても、薄っぺらいもんになってしまいます。基本に立ち返ってできることからひとつひとつ、一生懸命やりました。

そうしたらちゃんと、ええもんになっていくんです。

土台がちゃんとしていたら、自信をもって物事に向き合えます。チャンスが見えてきます。自分が発揮できます。

私、65歳でイノダコーヒを引退してからは、コーヒーの淹れ方を全国あちこちへ教えに行っていましたので、それからもプールで体を鍛えていました。コーヒーを淹れるには、気力体力が要りますからね。ちゃんと自分を整えて、土台をつくっておかんと、みなさんにお教えできませんから。

昨日より今日、今日より明日の方が、ほんの少しでもよくなるように。そう思い続けることで、成長できるんやと思います。

「毎日無造作に過ごしていると、
チャンスが来ていてもわかりません。
目の前を通過していても気づかんと、
そのチャンスを逃してしまう。
もう二度と、同じ日は来ません。
そやけど、丁寧に過ごしていたら
そこでちゃんと止まれるわけ。
〝あ、これはチャンスやな！〟って、気づける。
ちゃんとつかめるんです」

イノダコーヒで愛され続けるもの

02

ぽってりと厚みのある、コーヒーカップ

「コーヒーはぬるかったらあかん」というのが、先代のこだわりでした。お客さんも「これぬるい、変えろ！」と怒らはる時代やったからね。おいしいまま冷めないように、カップは厚くないと……と、試作を重ねました。最初は製品が悪くて、お客さんが飲もうとしたら取っ手がとれてしまったこともあったんですよ。

　カップの厚さは、床屋さんの髭剃りクリームの容れ物、あれを参考にしたんです。温かいまま、保てるでしょ。カップの絵は、先代の猪田七郎によるものです。

＊＊＊

　カップをつくっているところは、長い歳月のあいだに代わりましたが、現在も国産。飲むとコーヒーがふちから垂れるのが気になるというお客様もいらしたので、厚みはあるけれど、キレがいいように、昔よりもやや口もとはすっきりと。土ものから、白磁に替わって、丈夫にもなりました。

3章　イノダコーヒのはじまり

人生を捧げてきた、
今も愛され続ける
コーヒーショップ

戦後間もなく、本物のコーヒーを出したくて

戦争が終わり、何もなくなってしまった日本。中国から無事に復員してきた叔父の猪田七郎は、戦前に営んでいた店の倉庫に残っていたコーヒー豆で、コーヒーショップをはじめようと思い立ちます。

それが、『イノダコーヒ』のはじまりです。

若い頃、七郎は絵を学びたかったようですが、二番目の兄で日本画家の、猪《いの》田《だ》青《せい》以《い》がすでに絵の道に進んでいたので、「家から二人も画家になることはない」と言われ、大阪のコーヒー卸会社の京都支店に就職しました。そこでコーヒーの知識を身につけ、焙煎などの技術を覚えたそうです。喫茶店が誕生しはじめた時代、京都でも四条河原町に音楽喫茶ができました。京都の

コーヒー文化の幕開けやね。

昭和15（1940）年、25歳のときに独立し、堺町三条に『各国産珈琲専業卸　猪田七郎商店』を創業。現在もイノダコーヒ本店がある場所です。四条河原町にある喫茶店なんかへ、自分で焙煎したコーヒー豆を卸してはったそうです。

そやけど、太平洋戦争がはじまり、昭和18（1943）年に召集されて、中国の戦線へ。商品や機材はそのままに、店をたたみます。終戦の翌年の昭和21（1946）年、京都に戻ると、仕入れていたものがみんな運よく残っていたそうです。たしか、生の豆が手つかずのまま十数俵残っていたと聞きました。

当時、世の中に出回っていたのは、「代用コーヒー」。戦争によって、コーヒー豆の輸入がストップ。コーヒー豆は1割ほど、イモ、ユリネ、大豆なんかを混ぜてつくった、「代用コーヒー」が使われていました。「味も香りも別ものや」言うて、コーヒー好きは嘆いていたそうです。

「この生豆を使って、コーヒー豆だけでつくった、本物を飲ませる店をつくろう。本物に焦がれる人のためにも、だれよりもいち早く」。先代はそんな思いに突き動かされます。「人のやらないことをやる」。それが先代のポリシーでもありました。

とにかくまず、店を改装する資金を集めなければと、アイスキャンディーを仕入れて、四条木屋町なんかで売るなどしたそうです。そして、仕入れ先で仕事をしていた、貴美江さんと結婚。昭和22（1947）年8月、奥さんと二人で、ついにコーヒーショップを開店させました。

イノダコーヒ創業者の猪田七郎さんと奥様の貴美江さん。

生い立ちと、猪田家のこと

さて、私の生い立ちと、猪田家のことを少しお話しします。

私の父親は八人兄弟の長男。イノダコーヒ創業者である猪田七郎は、七番目の五男でした。昔のことやし、やっぱり兄弟が多いんですわ。

私の父は、寺町今出川で自転車屋を営んでおりましたが、長男としての苦労が多かったのか、病にかかり、昭和17（1942）年、40歳の若さでなくなりました。私がまだ10歳のときです。私は三人兄弟の二番目、母親は途方に暮れたことと思います。自転車屋は父の妹に譲り、私たちは母の姉の家に間借りしました。

母と兄弟三人、決して広くはない伯母の家の2階で生活せなあかんようになりました。さびしいやらひもじいやら。そこに戦争がはじまり、ますます食べもんもなんもあらへんようになっていって、つらかったなあという記憶があります。

伯母の家は京都の右京区やったのですが、近くに三菱重工業の航空機関連の工場がありました。昭和20（1945）年4月、それを狙ってきたのか、青空のきれいな日に、東の方からB29が飛んで来たんですよ。太陽が反射して機体がぴかーって光って見えてね、きれいやなあ……と思うた瞬間、ひゅーっと音がしてドドドッ！と地面が揺れて。「もうあかーん！」思いましたね。いやあ、もう、どんだけ怖かったか。あのときにやられていたら、私は今ここにはおりませんね。

父の方に話を戻します。兄弟が多かったものですから、父の母親、つまり私の祖母はいつも「みんなが仲良うしたら、うまくやっていける。そやから兄弟はどんなときでも、仲良うせなあかんのやで」と、子どもたちに言い聞かせてはったそうです。
祖母のこの教えが、先代にもしみこんでいたのだと思います。家族だけでなく、隣近所、まわりの方々みんなを大切にする。そこはほんまに徹底してはった。イノダコーヒが愛される基盤になっていったと思います。

この祖母は、とても聡明でなんでもできる、芸事が好きな、器用な人やったそうです。当時では珍しかった、コーヒーやサンドイッチが食卓にのぼったと聞きます。私が小さい頃に亡くなっていますから、会ったときの記憶はないんですけどね。猪田家の父の兄弟は、みんな商いや芸術、何らかのことを成し遂げてはります。

猪田七郎は二科会会員で、独学で絵を学び、画家としても活躍しました。イノダコーヒのカップやブレンド缶の絵は先代が描いたものです。類いまれなセンスも、心遣いも、祖母が源流やったんやと思います。

先代と奥さん、15歳の私
小さな店からはじまりました

高等小学校を卒業した昭和23（1948）年の春、まだ御池通に草がぼうぼう生えていたような頃です。私は15歳。叔父から声がかかりました。「おい、店を手伝いに来い」と。

私は父親を早くに亡くして、家族も苦労していましたから、イヤもなんもあらしません。この時代、丁稚奉公も当たり前でした。すぐに店の2階に住み込んで、働きはじめることになりました。住むと言うても、戦後すぐですから、布団も何もない状態。コーヒー豆が入っている麻の袋あるでしょ、ドンゴロス。あれを床に敷いて、一人で寝ていました。そりゃあもうさびしくて、つらくて。まだ子どもですからね。赤ぎれが痛くて寒くて、眠れん夜もありましたなあ。

さあ、今日から仕事がはじまる、というその日。朝6時に起こされましてね、「これからバケツ持って向こう三軒両隣、掃いて、水を打って、きれいにせい！」と言われました。以来、それが毎朝の日課です。

暑い日も、寒い日も、毎朝。そやけど、それで叩き込まれました。「コーヒーは清潔感が大事なんや」ということを。表を掃いて、水を打って。朝からこうしてきれいにせなあかんねんなって。おかげでちょっとした汚れも気になって、清潔にすることが身につきました。

そうやって、いつもきれいに掃除して、心を配ることを大切にしていましたから、先代はご近所のおじいさん、おばあさんにも、よう好かれてはりました。そうしたらね、いろんなことがうまくいきます。みなさん、いざ困ったときにも、力になってくれはるんです。

先代はとにかく、「自分のコーヒーを一杯でも多くの人に飲んでもらいたい」という、熱意にあふれた人でした。その情熱を一番下から、私は支える。とにかく必死でついていくだけでしたけど、いろいろ頑張ってきましたねぇ。

まず、コーヒー豆の焙煎。

終戦後すぐは電気もガスもありませんから、火を使うだけでもとにかく大変でした。木材を細かく切って、コークス（石炭を原料にした燃料）を入れて、新聞紙を燃やして種火にし、うちわであおいで七輪で火を起こす……。なんとかあるもので工夫して火を起こします。そして、七輪の上に焙烙《ほうろく》をのせて、それでコーヒー豆を煎っていました。フライパンで煎るようなもんですね。

それからしばらくして、店の裏庭にレンガで窯をつくって、手動でぐるぐるとロースターを回しました。昔は、天日干しされた豆ばっかりやったから黄色くて、薪の火力でも煎れました。のちのち、生のコーヒー豆は青っぽいものが入ってきますが、これは機械で乾燥させているから。もし青っぽい豆やったら、薪の火では1時間以上かかります。かまどに薪をくべるのですが、その薪がなかなか手に入らない。仕方なく湿った生木を仕入れ、先代が割って、1週間くらい干してから使うという手のかかりようでした。

豆が煎り上がったらロースターを先代に渡す。ザーっとドンゴロス（麻袋）の上にあけて広げて、うちわでバーってあおいで、一生懸命冷ましました。豆を挽くのもまた大変。ガーッと手でミルを回して、粉にして……。二人とも毎日、煤だらけ、真っ黒でしたわ。

店では、先代がコーヒーを淹れて、奥さんがレジをして、私がお客さんにコーヒーを出していました。最初は詰襟の白い服を着てね。昭和22（1947）年に先代が結婚しはって、翌年の春に私が来ましたから、結婚してまだ間なしやったんです。奥さんは私にようしてくれはりました。

コーヒーショップを創業したのは、もともと『猪田七郎商店』があった場所。現在ある本店と同じです。当時は、わずか10坪ほど。小さな店からはじまりましたけど、だんだんと「あそこに行けば本物のコーヒーが飲める」と評判が広がっていきました。

17歳の頃。本店の奥にあるガーデンで。

コーヒーを根づかせたい思いひとつで

当時、コーヒーは朝に飲むものという感覚でした。そやから、朝7時から店を開けていました。今でこそモーニング営業は当たり前ですけど、その当時はそんな店はなかなかあらしません。人のしないことを率先してするのが先代でした。

早朝、店の前に出てみますとね、空気が止まったみたいにしーんと静かでね、三条堺町に店はありますが、四条通を走る市電の「チンチーン」っていう音が、よう響いてきましたわ。北の方を見たら、京都御苑の木々が見えますしね。いや、その頃の京都って、何にもあらへんかったんですよ。

そうやって、朝早くから店を開けていましたが、午後2時をまわったらもうコーヒーは全然出なくなります。先代はそれをなんとかしようと駆け回ってはりました。出前の注文をとってきて、仕入れてきたバターや和菓子なんかもあちこちへ配達しました。

私、二条高倉にあった和菓子屋さんの葛まんじゅう50個を持って自転車に乗って、大丸の食堂へ納めていたこともあったんですよ。それもほんま、大変でしたわ。ある日、雨ですべって、自転車ごとひっくり返してしもて。帰ったら怒られると思って、そのまま持って行ったら、葛まんじゅうがみんなくっついてしもてて、「なんやこれは！」って。結局、先代が呼び出されて、よけい怒られました。

「ダンスパーティーするから、イノダさん、コーヒー淹れて」って、お声をかけてもらって、店が終わってから出張販売もしました。会場は、現在、京都芸術センターになっている、室町通の明倫小学校。七輪とコーヒーをリヤカーに積んでね、先代が自転車で引っ張って、私が後ろから押して。それで会場にいて、注文を待つわけです。午後5時からはじまって、ほとんど人がいなくなる11時くらいに、「もう帰りましょう」ってしまいかける。そしたら先代は、「まだあそこに人がいてはるから飲まはるかもしれん。あの人が帰りはるまで待とう」って言わはるんです。店に戻ったら深夜12時、それからごはんを食べて、寝るのは午前1時。そんでまた、次の日は朝6時に起きる。大変な生活でしたねえ。

「自分たちがはじめた本物のコーヒーを一杯でも多くの人に飲んでもらおう」という、先代の情熱はほんますごかった。それが、イノダコーヒの原動力やと思います。

先代・猪田七郎さん（右）の隣で笑顔を見せる、詰め襟姿の彰郎さん。

だんだんと愛される
コーヒーショップへ

昭和22年開業当時、コーヒーは高価なものでした。そやから、当時のお客さんというと、室町や西陣の社長さん、呉服業界の方々が中心でした。そのうち、作家の谷崎潤一郎さんはじめ、文化人や映画俳優、著名人がお見えになるようになりました。

創業当初は、まだ配給の頃でしたから、だれもが食べるのにせいいっぱい。みなさんが日常的に来られるようになったのは、昭和27年頃でしょうかね。

それから、うれしかったので忘れもしません、新聞に「京都で戦後第一号の喫茶店ができた」と、イノダコーヒが紹介されたんです。喫茶室の奥のガーデンにパラソルを立てて、その下でみなさんが優雅にコーヒーを飲んではる。そんな写真付きでしたね。戦後の復興の象徴のようにも見えました。それで話題になって、少しずつお客さんが増えてきたんです。

イノダコーヒは老舗と思われている方も多いですが、京都には戦前からやってはるお店があります。じゃあ、なんで取り上げてもらえたんか。それは、戦後の物資が全然ないときに開業して、そこからコーヒー豆を途切れさせんようにしながら、店を続けていったということやと思います。

これは実際、ほんまに大変でしたけど、そこだけはなんとかせなあかんと、豆の調達を頑張ってきました。

「人のやらへんときに、新しいことをやる」

それが、先代の方針。それが、イノダの発展した理由のひとつかなあと思っています。

昭和24（1949）年頃、四条河原町にある高島屋の南側に、公楽会館いう劇場ができました。たしか第1回公演は、劇団俳優座。当時は1カ月公演でしたから、小沢栄太郎さんをはじめ、俳優座の方々が来られるようになりました。東野英治郎さんはベレー帽がよくお似合いで、劇場へ行く前によく来てくださいました。

そのうち、映画監督の吉村公三郎さんがお見えになるようになって、「京都の染物屋の映画をつくりたい。その中で喫茶店も撮りたいので、ひとつ、イノダさんを使わせてもらえませんか?」、そう言うてきはったんです。

昭和31(1956)年、大映の『夜の河』という映画です。吉村監督初のカラー作品。「COFFEE SHOP INODA」という文字がスクリーンに映りました。

主演の山本富士子さんが、映画の中で美しい和服姿なのですが、その着物を作ったのが、イノダの裏手にある、呉服屋さん。映画がヒットしたら、山本富士子さんの着物も人気になって、全国から京都にその着物を仕入れに来はる。そうして、その方たちが仕事の後に、イノダへコーヒーを飲みに来てくれはる。おかげで店が繁盛いたしました。

その後も、『舞妓三銃士』(1955年)、『才女気質』(1959年)、『古都』(1980年)……、いろんな映画で撮影されました。撮影が大変で先代が、「もう貸さん！　ぐちゃぐちゃにしよった！」と怒らはったこともありましたけどねえ。まあ、そんでもほんまにありがたいことに、店を知っていただくきっかけになりました。

アイスクリーム、クリームソーダ……、当時のメニューがうかがえる貴重な一枚。

すべてにおいて本物にこだわって

戦後間もなく、本物のコーヒーを出したいという、その一心で、先代はコーヒーショップをはじめました。こだわったのは、コーヒーだけやありません。先代はすべてにおいて、本物を目指してはりました。

昭和28（1953）年、本店の奥に新しい喫茶室がつくられました。「旧館」として今も親しまれ、ここの席を希望しはるファンの方も多い、洋館のようなハイカラな空間で、先代のアイデアです。ここのサンルームの床には石が敷いてありますが、工事のときに見て、びっくりしました。板状の石と違います。ごっつい石のまま。トラック2台で運び込んで、深いところまでしっかり埋め込んであります。パッと見ただけではわからへんかもしれんけど、そやから重厚感があります。

足もとに埋まってしまうような、見えないところにお金をかける。これこそが先代のこだわりです。「土台がしっかりしていたら、時が経ってもガタがこないもんや」言うてね、何事においても徹底してはりました。

椅子やシャンデリアでも、最初にものすごいええものを買わはった。椅子1脚、当時で2万円以上したんちゃうかな。それでもどうです？　結局、今もまだ当時のまま使えています。三条店も同じです。カウンター、椅子、ステンレスの調理台……、メンテナンスしながら、今も使い続けています。

土台は、ものでも仕事でもなんでも、一番大事なところですわね。表面だけきれいにしていても、土台がええ加減やったら長持ちしません。

室町や西陣の旦那さん方、文化人の方々が好んで来てくださって、サロンのような場になっていったのも、そういうところを気に入ってくださったかもしれないらかと思います。「ここに来れば、コーヒーを楽しみながら、商談もできる」。そう言うて、着物の生地屋さん、染め物屋さん、界隈の社長さん方もよう来てくださいました。毎朝、本店のL字の赤いソファに座らはるので、いつしか、ここでの集まりが「L会」と呼ばれるようになりました。

烏丸六角にある花屋「花市」のご主人もL会のメンバーのお一人でした。朝、花を持って来られて、生けてくださる。そして、コーヒーを飲みながら花を眺めはるんです。ある時には、「あの花はあかん、合わへんな。変えよう」言うて、新しい花を持って来させはったこともありましたなあ。「花市」のご主人は、花とコーヒーをほんまに愛してはったんやなあ、と思います。

イノダコーヒには、いつも大きく花が生けてあります。

「これ、造花やないな。あんたんとこではほんまもんを生けてはるんやな」

昔はそう驚かれることも多かったです。「L会」のご縁で、生花にこだわってきました。

本物をお出ししているから、本物にこだわる方が来てくださった。そして、店がよりよくなるよう、お客さんが教えてくださる。イノダが今も続いているのは、本物へのこだわりがあったからやと思います。

当時、本店前は人通りが少なく、大きな暖簾や旗で目立たせていた。

ひとつのことをやり続ければ必ずものになる

先代は、それはもう厳しい、鬼軍曹やったねえ。ほかにも働いていた子はいたけど、先代はなんせ厳しいから、みーんな辞めて。そやけど僕は辞められへんもんねえ。

二言目にはビンタが飛んできました、「ばかもん！　バーン！」って。寒いときに水で洗いもんをしていたら赤ぎれになるでしょ。もう痛くって。そやけど「痛いと思うから痛いんや！」って。しょうがないからこっそり隠れて手をこすりあわせていました。風邪をひいたら「ばかもーん！　風邪ひかんようにせい！」ってね。そんなん言われてもねえ。そら厳しくて、厳しくて、叔父さんって感じはせぇへんかったです。「ああ、親がいなかったら子どもは苦労するんや、自分はなんとしてでも長生きせなあかん……」なんて、子ども心に誓ったくらいです。

実は私ね、「イノダコーヒ」を3回逃げ出したんです。そしたら3回目に、「次に逃げたらもう迎えに行かへんぞ。ほっとくから好きにせい！」と言われましてねえ。ああ、もう逃げられへんと、覚悟しました。

嘆いてばっかりの私に、先代はこう言いきかせてくれました。

「仕事いうものは、嫌々やっていたらダメになる。どうせやらなあかんなら、好きになるまで打ち込むんや。人はひとつのことをやり続けたら必ずものになる。そやからコーヒーの世界にとことん入り込んでみ。コーヒーのことはとことん教えたるから」

厳しい先代についていったから、心身ともによう鍛えられました。おかげで自分の力ができたんやと思います。「なにくそ！」っていう根性をどんなときでももてるようになりました。ちょっとやそっとじゃ気持ちが下を向いたりしません。気持ちが下がるのは、嫌。どんなことがあってもめげんと上を向く。その根性が、今、現在まで続いているわけです。

コーヒーを淹れ出したんは、21、22歳やったか。コーヒーは貴重なもんやからと、20歳まではさわらしてもらえへんかったね。それまでは、なんといっても掃除。とにかく「清潔にすることが第一や」って言わはってね。

まわりも、自分の心もきれいにせんと、コーヒーがにごります。自分の心もきれいに……というのは、いらんことは考えへん、いうことかな。無心でとにかく仕事をただ一生懸命やるってことですね。そういうこともおのずと身につきました。

今思い返しても、ほんま、先代に褒められたことって、あらしません。そやけど、昭和45（1970）年に三条店を開店させて、私にまかせてくれはった。

「この店は、お前が大きいせえ」って、言うてね。

そこからがもちろん大変で、苦労と努力の連続でしたけど、三条店は先代が私に与えてくれはった、居場所やったように思えます。それから、平成9（1997）年、65歳までイノダコーヒに勤め、その後もコーヒーとのご縁は続きました。長年、三条店に通ってくれはったジャーナリストの筑紫哲也さんが、「せっかくの経験と知識をぜひ広められるといい」と言うてくれはってねえ。全国各地の学校やカルチャーセンターで、コーヒーの講義や淹れ方教室を務めました。そこまでできたんも、三条店で培ったご縁のおかげ。三条店から、私の第二のコーヒー人生がはじまりました。

SPECIAL

Newspaper

筑紫哲也の
気になるなんばぁわん

1988年6月23日 朝日新聞（夕刊）

聞き手
編集委員　筑紫哲也

京都のコーヒー店「ベスト店長」
猪田彰郎

おいしいコーヒーいれるには　まず自分の気持ちを入れて

京都を訪れるたびにイノダコーヒ三条店でコーヒーを楽しんでいた、ジャーナリストの筑紫哲也さん。ニュースキャスターを務められる前、3年間、いつ訪れても、カウンターに立つ猪田彰郎さんに感嘆し、朝日新聞の連載「気になるなんばぁわん」で、彰郎さんに取材を申し込みます。三条店での仕事ぶりが伝わる掲載記事をご紹介します。

猪田彰郎（いのだ・あきお）

昭和7年京都生まれ。高等小学校卒後、23年から叔父の経営する「各国産コーヒー専業猪田七郎商店」（現イノダ・コーヒ）で働く。戦後、京都での喫茶店の草分け。現在10店のうちの「三条支店」で45年以来、店長をつとめるほか、会社全体の焙煎を担当。コーヒーひと筋で40年。

◎食料品の卸商だった猪田さんの叔父が戦争から戻ると、二階に手付かず、虫にも食われていないコーヒー豆が数俵残っていた。戦前に輸入した残りである。新婚早々の叔父夫婦が、その豆をもとにコーヒー屋を開く。夫婦二人では人手が足りない。父を幼少のころに亡くした甥を引き取ることにした。

――十五歳の時でした。電気もガスも不自由な時ですから、レンガで窯を作りマキで煎るわけです。そのマキがまた湿ったのしかない。叔父と二人で割って干すんですが、なかなか燃えつかない。ススがものすごく出て真っ黒になる。顔も身体も。今度はその消し炭を使ってコーヒーをいれる。挽くのも、もちろん手回し。朝六時から、寝るのが一時、二時の繰り返しで、もう逃げて帰ろうかと思いました。

◎当時、コーヒーの味を知っているのは三十五歳以上の、それも男が中心。しかも午後二時を過ぎると客が途絶えた。

――コーヒーにものすごく意欲を持っている叔父で、夜になるとリヤカーに一式積んで私と二人でダンスパーティーなど会合を探しては出かける。みんなが帰るまでは店じまいせんと、たとえ一杯でも売る。

◎わずか十坪の店。だが、あそこ

に行けばコーヒーが飲めると評判がじわじわと広がる。なかでも当時全盛の映画人、それに演劇人にファンが多かった。

――吉村公三郎さん（映画監督）が毎日見えてたんですが、昭和三十一年ごろ、これも店のお客さんの山本富士子さん主演で「夜の河」を撮ることになって、舞台が京都の話なので、うちの店が出ることになりました。吉村さん、凝り性ですので、撮影所の中に全部持ち込んで本物の店つくりまして。

◎そのヒットで各社、「京都もの」を競作。そのたびに店が登場し、一躍有名に。

――一日に二千二百人入って、私自身が千八百杯コーヒーをいれたことがあります。一番ええ思い出です。

◎その後も発展が続き、市内に現在十店。社長（叔父）の下で、店を新設するたびに現場指揮にあたるほか、全体の焙煎を担当、そして三条支店の店長、十八年。

――私からコーヒー取ってしもたら、もうほんまに何も残らしまへん。でも、四十年やってて、病気したことないんです。コーヒーやってる限り健康に自信あるんです。これから十年、二十年出来ます。最初はつらかったけど、つくづく良かったなぁと。

◎週のうち月、木、土曜の朝から午後までが焙煎。

――気持ちが充実して真剣やないと豆はうまく煎れない。その代わり、ちょっと変わった豆がいて、どうやって煎ろうかなと思ってると、一生懸命やれば豆が勝手に上がってくれる。上手に煎ると、豆がよく煎ってくれたと喜んでるのが伝わってくる。かわいいもんですよ、豆は。

◎朝、店に出ると掃除から始める。入念に一時間半かける。

――ガラスがくもってたり、そこらが汚いと落ち着かない。コーヒーをいれるというのは簡単なことなんです。だから難しい。おいしいコーヒーをいれるには、自分の気持ちを入れることが大事なんです。

◎ひょい、ひょいとステップを踏むような動作を絶えずしている。

――自然にそうなったんです。自分でタイミングをはかっている感じで、コーヒーに全身を入れているような気になるんです。

◎大きな円形カウンター、その中で店長以下、コーヒーを作る。

――そのほうがお客が分かる。話をしなくても、長年やってますとお顔を見ただけで好みが読みとれます。お酒飲みすぎとか徹夜の後とか。高倉健さん、撮影の前、朝お寄りなって、終わると今から行くからと電話があっておいでになってた。必ず二杯ずつ。だから、少し薄めにしてお出しするとか。

◎帰る前、二、三杯自分で飲む。それで夕食がまずい、胸にもたれるようなコーヒーではまだまだだめだと。

――コーヒーは濃ければいいというものでもないし、薄いとおいしくない。一見薄いような感じやけど、飲んでいただいたら中身が濃いというのがいいと思うんです。でも、コーヒーの味というのは、いくらやっても、まだ先があるよ、早よ来い、早よ来いと逃げていく。それを毎日追いかける。それが楽しくて、全然飽きませんね。だからあきない（商い）なんでしょうね。

◎東京に三条支店ファンの会がある。喫茶店にファンクラブがあるのは、極めて珍しい。ある雑誌が二年前、京都の「なんばぁわん」（一番尽くし）を特集した時、「ベスト店長」に選んだ。家族ぐるみのファンも多い。

——八十四歳から五歳まで。親子三代から四代になってきました。子どものころ、お父さん（市川右太衛門）とお見えになってた北大路欣也さん、今も「おやじさん」と私のことを呼びはって。偉い肩書、私嫌いですね。だから、「店長」ぐらいが、お客さんと心やすくやっていけて好きです。お客あっての自分ですから。

◎店に来られないお客のために別に「地方発送センター」がある。海外赴任の日本人からの注文で〝輸出〟するケースも。発送の約四分の三が首都圏。なのに「地方」とは、京都の気概か。で、家庭でおいしいコーヒーをいれるためのアドバイス。

——まず、コーヒーを信頼することです。そして一生懸命やれば相手が教えてくれるし、勝手にリードしてくれます。みなさん、よく豆の具合、お湯の温度、泡の状態などを気にされてますね。その分だけ気が散ってるんやと思います。沸いてるお湯を上からまんべんなく、それも短い時間で一気にぎゅっと下す、これだけでいいんです。それを、いらんことを考えるとコーヒーも濁ってしまう。うまく漉せたコーヒーは二時間経っても濁りません。

◎この何年かの研究課題は、どうやっておいしいアイスコーヒーを作るか。

——ビールと一緒で、あまり冷えきってもまずい。うちは氷を入れないんですが、それでどうやっておいしく作れるか、毎日勉強してます。

三条店で焙煎する彰郎さん。

イノダコーヒで愛され続けるもの 03

チーズケーキとラムロック

三条店ができてから、本店は拡張して、メニューも増えていきました。サンドイッチやスープ、ミックスジュースとか、いろんなメニューがありました。一方、三条店は、コーヒーを主役に、メニューはしぼっていました。朝のコーヒーと食事は、本店で。三条店はコーヒーとチーズケーキで、午後のひと息、食後の一服。そんなスタイルが定着していきました。高倉健さんも、チーズケーキがお好きやったんですよ。ラム酒の香りとコクをチョコレートでコーティングした、ラムロックもロングセラー。私のおすすめです。

＊＊＊

チーズケーキ、ラムロック、ジャンボシュークリームなど、イノダコーヒには人気のケーキが揃います。２０１５年には、ドイツ人ケーキ職人カール・ケテル氏のレシピを継承した、「ケーキ工房ケテル」をオープン。本店と三条店の近くです。

4章

京都には
おいしいコーヒーが
あります

アキオさんの
想いを受け継ぐ
お店を訪ねて

アキオさんのコーヒー人生は、
イノダコーヒを退職してからも続いています

三条店に通っていた、ジャーナリストの筑紫哲也さんから
「知識と経験をみなさんにお伝えしては」と勧めてもらい、
東京、仙台、徳島、香川など、全国各地で講習会を開催。
さらに、障がい者の就労支援をする事業所
「リ・ブラン京都 中京」の喫茶店でコーヒー指導もし、
コーヒーの楽しみ方を広く伝えてきました。

そして、ご縁のあるコーヒーショップを巡るのも
アキオさんのライフワークになりました。
イノダコーヒはもちろんのこと、

イノダコーヒで経験を積んで独立した人たちの店、
三条店に来てくれていた同業者の店……、
引退してもなお、
巡り合ったご縁を大切に育んできました。

お客さんを大切に
ひとつひとつ丁寧に。
アキオさんの気持ちを受け継ぐ、
縁の深いお店で、
お話をうかがいました。
京都に来たらここで
おいしいコーヒー一杯、いかがですか。

「いつもの味がいつでもあるように丁寧に続けていくだけです」

はしもと珈琲
橋本政信さん

今宮神社のそば、イノダコーヒ出身の3人で営む、はしもと珈琲。50代の橋本政信さん、60代の桜井健三さん、70代の角山昭二さん。10歳ずつ年が離れた、男性3人。橋本さんのお父さんもイノダコーヒで働き、アキオさんと同僚でした。そんな深いご縁からアキオさんオリジナルの「アキオブレンド」をはしもと珈琲で焙煎しています。店内で楽しめるコーヒーは一杯310円と手頃。いつでも来てもらえるように年中無休。ゆっくり話し込む人、いつもの豆をさっと買っていく人……、お客さんが入れ替わり立ち替わりやって来て、地元に根ざしているのが見てとれる。近くにあったらうれしい、街角のコーヒーショップです。

＊＊＊

私の父、橋本信一は昭和12（1937）年生まれ、アキオさんの5歳下ですね。中学卒業後、イノダコーヒで働きはじめたので、長らく一緒に苦楽を共にしていたと思います。昭和63（1988）年、私が20歳のとき、父は51歳で他界しました。まだ若かったこともあって、先代の猪田七郎さんが親身になって、ずいぶん力になってくださいました。イノダで働かないかと、先代が私に声をかけてくれはって、親子二代にわたって勤めることになりました。本店のホール、調理場、それから焙煎を担当し、1998年に角山さんと「自分たちで自家焙煎のコーヒーショップをやってみよう」と、先に退職していた桜井さんにも声をかけて、3人で創業しました。

アキオさんと父は先代の七郎さんからよく怒られていたようです。二人は古株ですから、ほかの従業員に理解させ、緊張感をもたせるために、みんなを代表して叱られていたんやと思います。まずアキオさん、次はうちの父やったようです。そやけど、先代は厳しくとも、本当に情の厚い、心優しい方でした。子どもの頃、お正月には先代のお宅へ、新年のご挨拶に寄らせていただいていたのをよく覚えています。当時は、本店のそばの町家がお住まいで、イノダコーヒで働く人たちが家族と一緒に集まって、おせち料理をいただきました。お年玉が楽しみでしたね。先代は、店には毎日必ず、顔を出してはりました。お決まりの席があって、夕方にはよくそこにいて、常連さんと話してはりましたね。はしもと珈琲の店内にある、大きな絵は、画家でも

左から、橋本信一さんと猪田彰郎さん。イノダコーヒ本店前で。

あった先代が描かれたものです。形見分けでいただいたんですよ。

アキオさんは、真面目で、かわいい方ですね。お茶目で、楽しい人です。イノダコーヒで働いていたときには、私は同じ店になったことはなかったんですけど、お客さんを大事にする気持ちが強くて、ひとつひとつ真面目に、丁寧に取り組む。見習わないとあかん、もっと頑張ろうと思わせてもらいます。

アキオさんは退職されてからコーヒーの講習会で全国各地を回られて

いたのですが、そのときに使うコーヒーがほしいということで、アキオブレンドができました。イノダコーヒは大きな会社ですから、細かい注文は大変やろうと、自分が思っているコーヒーをここで焙煎してもらえへんかとお話をもらって、私が焙煎しています。最初は、講習会で淹れてお出しするだけやったのが、分けてほしいというご要望が多くなって、販売することになりました。アキオブレンドは、イノダコーヒでつくってきたものを基本に、モカを足すとか、アキオさんが思っていたものをプラスしています。マニアックにこ

だわるというより、いつでも安心して飲んでいただける味。毎日飽きずに飲んでいただける、定番になる味。同じものを同じように、変わらず楽しんでいただける。それが、私たちが目指すコーヒー。そのために心を込めて、丁寧に続けていく。先代の気持ちを、アキオさんも、私たち3人も受け継いでいるんやと思います。

アキオブレンドのパッケージは、イラストレーターの原田治さんがデザインしてくださいました。原田さんは、三条店に長年通っていらして、ずっとアキオさんのファンやったそうなんです。こちらに初めていらっしゃったときはお一人で、「アキオさんに聞いて」とだけおっしゃって、原田治さんとはわからなかったですが。それから何度かご来店くださって、アキオさんと一緒にここでコーヒーを楽しまれたこともあります。あるとき、「アキオさんにプレゼントしたい」と、原田さんから提案してくださってデザインしてくださったんです。驚きました。イラストになったアキオさん、雰囲気そのままですよね。おかげさまでアキオブレンドを知ってもらうきっかけになって全国からご注文をいただきます。

あたたかい雰囲気に、ほっとして過ごしてもらえる。そんなお店にしたいなあとはじめて、20年。お玉ではなくケトルを使っていますが、ネルドリップで7人分くらいを淹れています。一緒に店を立ち上げた角山さんは、イノダコーヒで事務をしてはったんですが、父からのお付き合いもあって、若いときから気にかけてもらいました。親代わりのような感じですね。桜井さんは、イノダコーヒに25年勤め、いろんな支店を回ってきはった、コーヒー一筋のベテランさん。アキオさんとも一緒に働き、講習会のサポートもしてはりました。アキオさんに通じる、真面目な方です。それぞれ10歳ずつ離れているんですけど、なぜかうまくいっています。それがちょうどいいんですかね。

店名が「はしもと珈琲」なのは、最後までやるのは私やからと、2人が言ってくれたからです。お客さんのことを考えて、地道にひとつひとつやっていく。これが店をはじめたときからの、基本。3人とも、今も同じ気持ちです。

はしもと珈琲

京都市北区紫野西野町31-1
☎075-494-2560
9:00〜18:00　無休
アキオブレンドは取り寄せ可
http://hashimotocoffee.web.fc2.com

「何事にも気持ちで向き合う、
大事なことに気づかせてもらいました」

市川屋珈琲
市川陽介さん

市川屋珈琲の店主、市川陽介さんはイノダコーヒに18年勤め、２０１５年に独立。祖父の陶房だった町家をリノベーションし、コーヒーは自家焙煎で。朝一番からモーニング目当てのお客さんでにぎわい、季節感が出せたらとはじめたフルーツサンドも人気。メニューに使うフルーツやパン、ベーコンなどの仕入れはできる限り、地元の店で。おいしさと心地よさはもちろん、地元とのつながりを大切にする、そんなところもきっと、イノダコーヒで培われたもの。市川さんがアルバイトとして三条店に入ったのは１９９９年、25歳のとき。アキオさんは引退していましたが、三条店で出会い、ずっと交流を続けてきました。

＊＊＊

新人アルバイトとして三条店に入ったとき、カウンターのまわりをうろうろして、何かしら声をかけてくる、おじさんがいたんです。後でわかったのですが、それが、アキオさんでした。この頃、すでに引退されていたのですが、大げさでなく人生を左右するくらい、アキオさんとの出会いは大きかったです。

働きはじめた日、まずまかされた

仕事が、モップがけ。新人ですから、そんなんやったことないんです。何となくやっていたら、アキオさんがひょいっとやって来て「ちょっと貸してみ」って、やって見せてくれはったんです。そしたら、気持ちが入りはったのか、「今日はわしがやるわ」って、結局、隅々まで自分で掃除しはったんです。とても印象的で、よく覚えています。アキオさんは思い入れが本当に強い方なんです。

働きはじめて間もないときでしたが、晩ごはんに酢豚を食べたんです。そしたら翌日、アキオさんにお会いするなり、「ニンニク食べた?」って言われたんです。ああ、これは「あかんぞ」って言われるなと思ったら、すっといなくなって、口中清涼剤の仁丹を持って戻ってきはったんです。「これ、かんどき」って。とがめる言葉は一切ありませんでした。あれからニンニクは食べていません。怒られていたら、ちょっとくらいいいかって、ごまかして食べていたかもしれんけど。こういうことは、気持ちに入ります。

アキオさんは、決して器用な人ではないんです。お客さんに対して、ただ一生懸命。だから、だれもが惹きつけられるのかもしれません。アキオさんには、お客さんから挨拶に来られます。「ごちそうさまでした」って、お客さんから感謝される。アキオさんがいてはると、常連さんがいつもと違う顔を見せはる。カウンターに長年立ってみると、同じ仕事をする一人として、ちょっと嫉妬を覚えるくらいでした（笑）。こうせなあかん、こうしたらあかんというのではなくて。大事なのは気持ち。気持ちで動く。気持ちでお客様を迎える。大切なことに気づかせてもらいました。自分もこの道に進みたい

と、思いました。

私がイノダコーヒに勤めたのは、お店をやってみたかったからです。老舗に入ったら学べるんじゃないかと、真っ先にイノダが浮かびました。大学4回生のとき、就職の内定をもらっていたのですが、それでは遠回りになる気がして、スタッフ募集はなかったのに、あきらめずに4、5回問い合わせて面接にこぎつけました。熱心だったわりには、コーヒーにミルクと砂糖を入れるのが定番ということすら知らなくて（笑）、あきれられたと思いますけど、いつか店をしたいという思いを伝え、社員希望で採用してもらえました。

三条店のカウンターに立つことになって、最初は逃げ出そうかと思いました（笑）。何しろ360度見られますから。常連さんは何も言わんと、すっと座りはります。まず、お客さん50人くらい覚えといてと言われました。どんなコーヒーを飲みはるか、新聞は何を読みはるか、灰皿をお出しするか……。最初は似顔絵をノートに描いて覚えました、2冊くらいになったんちがうかな。三条店のカウンターは本当にさまざまな方がいらっしゃいます。いろんな方とお話しできたことは、私にとって財産です。ふと手があいたらまわりを拭いてきれいにする……、これもカウンターで身についたことですね。

アキオさんは三条店によく来てくださって、一緒にコーヒーショップ巡りをさせてもらったり、コーヒーの講習会をされるときに何度かアシスタントとしてお手伝いしたり、親しくさせてもらいました。「君がいたら安心や、僕の跡継ぎや」って言ってくださって、励みになりましたね。コーヒーの淹れ方もそばで見せてもらいましたが、最初はゆっくり真ん中からお湯を回しかけて、最後は心を込めて締めくくる……。正直、そんな特別なことはしてはらへんのですよ。だけど、おいしくはいる。アキオさんのコーヒーがおいしい理由は……、魔法ちゃうかなと思います（笑）。淹れ方教室でも、特別な技術を教えはるわけではない。そやけど、参加者のみなさんが最後にはニコニコして、帰り際には「いつまでもお元気で」ってアキオさんと握手しはる。気持ちでお客さんと向き合い、どなたも魅了するお人柄と、コーヒーを提供する者としての道を究めはったと思います。

店を構えたときは、焙煎機を導入したことをすごく喜んでくださって。「ここは喫茶店やなく、コーヒーショップやな」って、アキオさんから最上級の言葉をもらいました。ブレンドは3種類。飲み慣れない方でも親しみやすいように、味わいで選んでもらえます。コーヒーが飲めへん人でもここなら飲める、そんなコーヒーをお出ししたい。ターゲットをしぼらず、世代を超えて喜んでもらえるお店にしたい。これも、アキオさん譲りかもしれません。

市川屋珈琲

京都市東山区渋谷通東大路西入鐘鋳町396-2
☎075-748-1354
9:00～18:00　火、第2・4水曜休

おわりに

こうして振り返ると、あらためて運命とはふしぎなもんやと思います。
父親が亡くなって、兄と私、二人とも叔父たちのところで丁稚奉公しました。
兄は自動車屋、私はコーヒー屋。これがもし逆やったら、今の私はおりません。
私の人生はコーヒーがつくってくれました。コーヒーと共に成長してきました。
コーヒー一筋のこの人生、まっすぐ歩いてきてよかったと、心から思います。

迷ったり、しんどなったり。なんぼでもありました。
そやけど、踏み外さんとここまで来られたのは、先代から教えられたこと、
出会った方々の言葉や生き方が、心の中に積み重なって、
「人生の教科書」になったおかげです。
「次はおまえが若いもんに伝えていく番や」
先代にそう言われている気がします。

この本ができるまで、たくさんの方が力になってくださいました。
こんな歳になっても、みなさんが私を大事にしてくれはる。
ほんまにうれしいことです。

みなさんのご縁に支えてもうて、私、幸せな人生です。
この本で、何かご恩返しができたらええなあと思います。
みなさん、ほんまにありがとうございます。

猪田彰郎（いのだ・あきお）

1932年（昭和7）年、京都市生まれ。1947年に京都で開業したコーヒーショップ「イノダコーヒ」にて、15歳から働きはじめる。1970年にイノダコーヒ三条店の開店に伴い、店長を務め、イノダコーヒ全店の焙煎も担っ。退職後、コーヒー職人として、全国各地を講演会で巡る。今なおファンは多く、現在はプライベートでコーヒーを楽しむ。

イノダコーヒ　ショップ案内

イノダコーヒ三条支店

京都市中京区三条通堺町東入ル桝屋町69
☎075-223-0171
10:00〜20:00　無休

イノダコーヒ本店

京都市中京区堺町通三条下ル道祐町140
☎075-221-0507
7:00〜19:00　無休

京都市内には、四条烏丸の四条支店B1、四条支店B2、大丸京都店1階にあるコーヒーサロン支店、清水寺の近くにある清水支店、京都駅のポルタ支店、八条口支店、ケーキ工房ケテルがあります。

また、北海道、東京、神奈川、広島にも支店があります。くわしくはオフィシャルサイトをご覧ください。

https://www.inoda-coffee.co.jp

＊本書では、猪田彰郎さんの語り口に合わせて「イノダコーヒ三条支店」を「三条店」と表記しています。

企画・編集　宮下亜紀
聞き書き　内海みずき
デザイン　天池 聖（drnco.）
写真　石川奈都子（p2〜48、p98、p136、p140、p144〜158）
柴田明蘭（p157）
写真提供　イノダコーヒ（p103）
イラスト　原田 治
編集担当　村上妃佐子

イノダアキオさんの
コーヒーがおいしい理由

2018年11月20日　初版第1刷 発行
2019年 1月21日　初版第2刷 発行

著　者　猪田彰郎
発行人　前田哲次
編集人　谷口博文

アノニマ・スタジオ
〒111-0051　東京都台東区蔵前2-14-14 2F
TEL.03-6699-1064　FAX.03-6699-1070

発　行　KTC中央出版
〒111-0051　東京都台東区蔵前2-14-14 2F

印　刷　シナノ書籍印刷株式会社

ISBN 978-4-87758-789 -5 C0095

アノニマ・スタジオは、
風や光のささやきに耳をすまし、
暮らしの中の小さな発見を大切にひろい集め、
日々ささやかなよろこびを見つける人と一緒に
本を作ってゆくスタジオです。
遠くに住む友人から届いた手紙のように、
何度も手にとって読み返したくなる本、
その本があるだけで、
自分の部屋があたたかく輝いて思えるような本を。